高峰秀子
おしゃれの流儀

目次

Ⅳ　おしゃれを読む

「かあちゃんは、趣味がいいね」

「いいかどうかはわからないけど、あるね、趣味は」

黒いワンピースに真珠の４連ネックレス。
どんな時代にも美しく見える永遠の装い

I
高峰秀子のアルバムから

時代のアイコンとして、
表紙を飾った雑誌は数知
れない。大胆な水着姿も

昭和41年の『婦人倶楽部』では白いワンピース姿。女優・高峰秀子はファッションリーダーでもあった

ベージュと薄墨色の花柄生地は、英国製のコットン。張りがあり、衣ずれの音がしたという。自宅のテラスにて

上：黒のレースのツーピース。レースの裏には黒のサテンが張ってある
下：チャコールグレーのコートやツーピースには黒のジャージーのブラウスを合わせる

昭和63年の「ラ・セーヌ」誌では60歳を過ぎた高峰さんのおしゃれへのこだわりが紹介された。いわく、「ベタベタしたものは大嫌い！（笑）」

国民のアイドルとして、撮ったブロマイド１億枚超え！　当時はブロマイドのスタイリングも自らが行う時代だった

II

装い　12のルール

1 飛び出さない
2 清潔
3 きちんと
4 エレガント
5 背すじ
6 指先まで
7 色ちがい
8 コートは丈で
9 黒が好き
10 可愛らしく
11 上質
12 収納は一目瞭然

「私は人前に出るのが苦手だ。そういう気持ちが、私の服をじみなものにしているのかもしれない」——好きだった黒の礼装。あっさりとしたブローチが効いた着こなし

エレガントにもシャープにも着こなせて、決して出すぎることのないシンプルなワンピース

同じように白でも

服はほとんどがオーダーメイドだったという。「40年以上も前から、自分の体型も好きな服のカタチもぜんぜん変わらないから」。しかし、同じようなデザインでもこんなに表情が違うとは、お見事！

「おしゃれは、飛び出してはいけないんです」

「主役はあくまで配役の一人です。主役だからと言って自分だけ前に出たり、目立つ演技をしたら作品が壊れてしまう。画面から飛び出さず、作品全体と調和するように、私は心がけてきました」

三百本を超える映画に出演した女優・高峰秀子の言葉である。

彼女自身が目立つことが嫌いだというその性格を差し引いても、見事な演技論である。

高峰はかつて、おしゃれについても同じことを言った、

「人前で目立ったり、人を驚かせる服装をすることがおしゃれだとは思いません。おしゃれは、飛び出してはいけないんです」

演技もおしゃれも、振る舞いや発言も、そして生き方そのものも、極めて自然で静かな、しかし、揺るぎない〝自分の流儀〟を持った人だった。

左：21ページ右のワンピースを着た高峰さん。共布でチーフも作り、一枚のワンピースもさまざまな工夫で着こなしていた

2／清潔

癇性と自ら認めるほど、清潔好きだった。

室内の塵一つ、埃一つ、冷蔵庫の中の輪染みに至るまで、許さない人だった。だから台所も真っ白に作った、汚れが目立つように。

夕方、バスルームにストッキングとブラジャーが干してあれば、「ああ、かあちゃんは今日、外出したんだな」とすぐにわかった。帰宅すると即座に手洗いして干していたからだ。

高峰秀子の身に着けるもの、そして肌からは、いつも〝清潔〟の匂いがした。

黒と並び、白はまさに高峰さんのもう一つの色。一度袖を通したものはすぐにクリーニングに出して保管していたという

ハワイの自宅で過ごすふだん着にはボーダー柄のTシャツを愛用

コットンのゆったりとしたワンピース。遊び心溢れるアクセサリーもお気に入りの一品

3／きちんと

おそらく、高峰ほど〝きちんと〟した人に私は二度と出逢わないと思う。

探し物をしている姿を一度も見たことがない。忘れ物をしたこともない。彼女が何かを壊したのも見たことがない。

「かあちゃんは結婚して五十年、皿一枚割ったことがないよ」

夫・松山善三の言葉である。

爪切り、クリップ、ハサミ、セロテープ、懐中電灯……日々の暮らしに必要な小さな物から大きな物までが、常にあるべき場所にあった。そうでない場所にあることを高峰が許さなかったからだ。

五十年の女優人生、無遅刻無欠勤だった。締め切り三日前には原稿を渡した。相手を待つことはあっても、待たせたことは一度もない。今日すべきことはすべて今日仕上げた。

それがどんな普段着であっても、着る物はいつも洗い立て。ほつれもシワもない。

いい加減、だらしなさ、雑、人任せ、そこそこ……など、無縁の人だった。

「疲れない？」

私が訊くと、一言答えた、

「性分です」

カチッとしたスーツが好きだった。着こなしひとつで公式な場所にも、夜の集まりにも着て行かれたから

右：パンツはあまり好きでなかったというが、組み合わせで楽しめるこんなセットアップも
左：カジュアルなボーダー柄もこんなふうにやさしい色ならエレガントに。近所へ買い物に行くときなどに着ていた、と斎藤氏

4／エレガント

エレガントとは何だろう？　辞書曰く「優雅な。上品な」。
服装だけでは実現できない、人間性と生き方を問われる、冠されるに至難の言葉——

色違いのシルク生地を使っているのに「やりすぎ」にならない。上品な遊び心溢れるワンピース

上着がついたワンピース。「流れるようなライン」とはまさにこれ！

5／背すじ

松山家の食卓と椅子は、カードテーブルである。つまり何時間もゆったりと身体をあずけながらカードゲームを楽しむためのテーブルと椅子。従って、通常の食卓と食卓椅子より低く、椅子は奥行が深くてアーチ形の肘掛があり、脚には小さなローラーが付いている。アメリカで見つけたそうだ。

その椅子の背もたれに、高峰が身体をあずけている姿を私は見たことがない。いつも椅子の背もたれと高峰の背中との間には、隙間があった。いつも背もたれにもたれ、食卓に肘さえつく私には、「姿勢がいいなぁ」と映ったものだ。

むしろ、私が見た晩年より、夫婦で長い時間をかけて夕食時に酒を酌み交わした若かりし頃、あるいは中年の頃のほうが、高峰は椅子の背もたれを使っていたのかもしれない。

ある日、夕食のあと、高峰が軽く洗った食器を食洗機に入れているのが目に入った。

あッと思った。

食洗機のドアを開けて、かがみこんでいる高峰の背中がわずかに丸かった。

かあちゃん、年をとったなぁ……。

常にまっすぐだった彼女の背筋は、死の二年前、ようやく己を許すように、老いたのである。

半世紀の時を経て

夜の光でひときわ美しいドレス

6／指先まで

私は気の毒だと思った。

「ハイ、撮るよ」、使い捨てカメラを向けても、ピタと決まるからだ。

人は写される時、必ず一枚くらいは目が半開きだったり、わざとらしいポーズになるものだ。だが高峰が写ったスナップには隙がない。五歳の時からレンズに睨まれ続けた歳月が、彼女を〝パブロフの犬〟にした。本人にはポーズを決めようという意識すらなく、もはや細胞に刻まれた本能になっていたことが、私には可哀想に思えたのだ。

ましてや、プロのカメラマンの前では、ご覧の通り。指先まで神経がいきわたっている。

翡翠の指輪に思わず目が行ってしまうのも、この手の形だからだろう

手の表情は言葉よりも雄弁だ。
美しくありたいと願うなら、
指の先まで

7/色ちがい

「亀の子ダワシ一つ、
私の気に入らないものは、この家には何もありません」
ましてや身に着ける物においておや。
嫌いな物は一瞥で捨て、
好きな物はどこまでも、幾つでもが、高峰流

右：どんな時代にも通用する、美しいオーバーコートのお手本
左：衿とカフスが印象的なオーバーコート

8／コートは丈で

自身の身長、体重、体型、脚の長さ、太さ細さ——。
それらすべてを把握した上で、いかに美しく見えるか。丈が、決める

やわらかく、心地よいカシミアのハーフコート。大きなポケットも
ついていて、さぞかし着やすかったことだろう

右：つややかな毛並みも美しい毛皮のコート。日本では毛皮を着ることは少なかったらしく、もっぱら寒さの厳しい冬のヨーロッパ旅行用だったと斎藤氏は語る
左：晩年は軽いコートを好んだという。黒のポップな星柄は森英恵さんデザイン。鮮やかなブルーの花柄はチャイニーズ風のデザインが楽しい

HANAE MORI

9／黒が好き

生涯、高峰さんを飾った黒。それぞれの年代で黒の意味も違ったとインタビューで語っている。60歳を過ぎた高峰さんにとっての黒は、自分の気持ちを引き出す黒。「黒色を土台に自分のその日の心情まで表現できちゃう…」

黒は無難だと言う人がいるが、果たしてそうだろうか。

なぜ高峰は黒が好きだったのか……。

かつて三島由紀夫と対談した時、話題が結婚に及ぶと、若き独身の天才作家は「俺そのものに惚れたのか、俺に付随するものに惚れたのか、わからない時がある」と。

それに対して同じく未婚だった二十代の高峰は、「財産や地位や着ている洋服や、その人が持っているものを全部はがしてみて、それでもその人のことが好きかどうか、私は考える。そんなことばっかりしてるから結婚できないの（笑）」

装飾も明るさもない黒は、纏う人を丸出しにする。

高峰は自身につきまとう人気女優という世間の色眼鏡を嫌い、それを取り払った一人の人間として見てもらいたい、一人の人間として生きたいと願っていた。

黒という逃げもごまかしもできない、唯一着る人間だけが共に存在する色を、高峰は、覚悟をもって愛し、着続けたのだと、私は思う。

左：V字の襟元には凜とした雰囲気が漂う。ブローチもイヤリングもつけず、アクセサリーは指輪だけという潔さ

黒地に金糸砂子織りの蒔絵模様の着物。和服の好みもやはり「黒」。金糸で豪華な御所模様が織られているこの着物は、新春の京都を訪ねる雑誌企画でも着用した

「黒」を着る

女優という仕事は、ブロマイドをぶら下げて歩いているようなもので、どうしても目立つ。自由にどこへでももぐり込むためには地味に作って目だたないようにするより仕方がない。地味に地味にという気持が自然に私をチャコールグレイと黒びいきにしたのかも知れない。チャコールが流行らなかった頃には、男の布地をあさったりして大変苦労したものだった。この頃ではいやというほど出まわって、〝たのしみ〟が一つ無くなったような妙な気持である。

一年中、夜のきものは和洋共に黒一点張りに決めてある。黒ほどむつかしい色はないと思うが、黒ほどあきず、安心な色もないと思う。昼間はブラウス程度にひかえているが夜は黒一点張りで、黒以外の浮気はしない。この写真を撮る時も、さて、と洋服ダンスをあけてみて、あまりにもチャコールと黒ばかり並んでいたのでわれながら呆れたほどである。

（「婦人公論」1960年5月）

黒無地梨地着物。さび朱の裏がのぞく、その色あしらいも高峰流。もっとも好きだった着物の一枚

10／可愛らしく

小さなクリスタルグラスに庭の白椿を一輪生ける人だった。

パリの蚤の市で手に入れた高さ三センチほどの写真立てに、自分で緑の紙を丸くチョキチョキと切って、それを背景に、夫の幼い頃の顔写真を入れる人だった（七八ページ）。

夫が脚本賞をとった時、「私は台所から、あんたは納戸から、部屋に入ってきたとうちゃんに『おめでとう！』って、両側から抱きついてやろう」と提案して、私を驚かせた人だった。

「善ちゃんッ、善ちゃんってばぁ〜」、八十歳に近い彼女が、夕食のあと姿が見えない夫に呼び掛けた。小さい頃から誰にも甘えず生きてきた人が、夫だけには甘えた。

そして何より、誰に褒められたいのでも誰に認められたいと思うのでもなく、毎日、黙ってつつましく台所で料理を作り、部屋を整頓する姿が、私には可愛らしく映った。

尊大と威厳、自慢と自負、上昇志向と向上心、神経質と繊細……媚と可愛らしさ、それら互いの違いを、高峰を見て、私は知った。

左：クローゼットには可愛らしい色のスリッパが残されていた。とにかく小さい

Camel
Camel

右：なんと可愛らしいネグリジェ！　繊細な女らしさがのぞく
左：部屋着はハワイで購入していたブルーのローブ。これを着たままキッチンに立っていたので、袖を留めるゴムが今でも残っている

高峰秀子、ネグリジェデザイナーになる

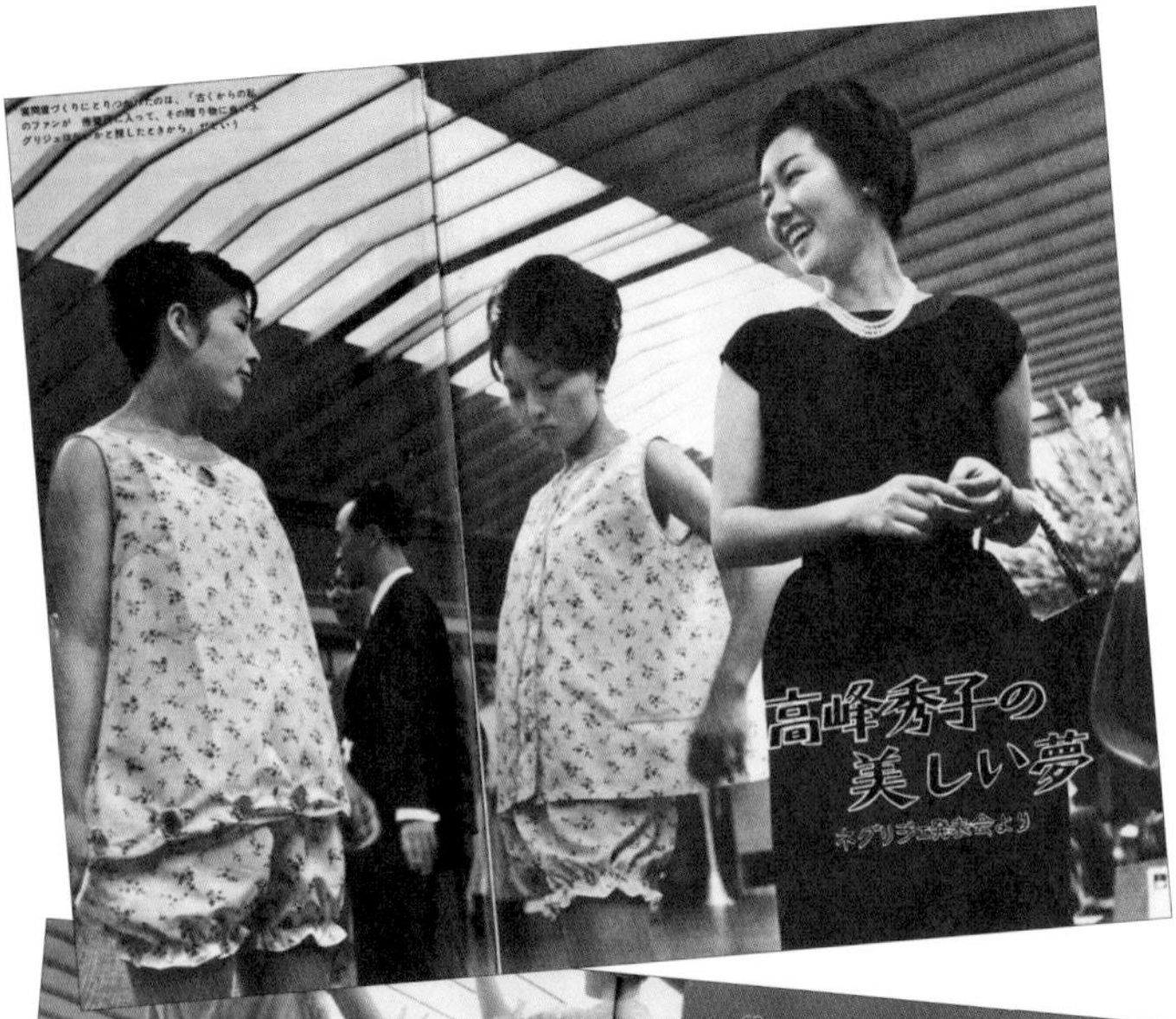
高峰秀子の
美しい夢
ネグリジェ発表会より

高峰デザイナー誕生の日
ボタン一つにいたるまで、人まかせにしない。
作品・スワン
作品・ナゼ、なぜ、何故
カメラ　一色一成
仮縫いは〝全部自分できてみました〟

欧州のものはぜいたくすぎて実用向きではない。その
点アメリカは、安くしかも愉しむことを知っているとい
う。"でも私は私なりに作っているけれど……私の作っ
たネグリジエを日本のどこかの人が着て楽しい夜を迎え
てくれると考えただけでうきうきしてくるの……"とま
んざらでもない顔付だった。
女優としてはますます円熟した巧味を見せ、
欧州旅行をすれば、見聞記を著わしてベスト
セラーとする才媛高峰秀子が、今度は"若い
女性の夢をデザインする"と銘うって、創作
ネグリジエ展を開いた。（8月12日・於東急
ホテル）結果はなかなかの好評であったが、
タカミネ・ムードの誕生について彼女は次の
ように語っていた。
「今の世の中って、なにかとげとげしている
でしょ。でもせめて寝るときくらいは女らし
く夢のムードに浸るべきだと思うの。そんな
意味から自分の好きなものを作っているうち
数もたまり、半沢エレガンスさんのお勧めも
あって作品展をやる気になったんです。私の
願いが少しでも皆さまに解って頂けたら幸で
すわ」
カメラ・本誌 佐藤春雄
作品D41—やんちゃん—
作品D21N—古城—
作品D32—ボウ—

格調高いムードで日本中の
女性の夢をデザインする….
（タウンボーイ）
（ペチカ）
（N 60）
（夢）
（ビスケット）
（お嬢さん）
（スワン）
エレガンスの
高峰秀子創作ネグリジェ
★★映画の下着シリーズ"アッちゃんのベビーギャング・パジャマ"好評発売中
東京・京都・福岡・札幌 株式会社 半澤エレガンス

もの作りが好きだった高峰秀子さんは昭和33年の夏、半沢エレガンスからネグリジェを発表した。「せめて寝るときくらい女らしく夢のムードに浸るべきだと思うの」——デザイン画も生地の選択もすべて一人で手掛け、豪華なものから気軽に買えるものまで、会場いっぱいに並んだ。

奇を衒うようなものは着なかった。誰もが着るようなシンプルな形を好んでいたが、どれをとっても、妥協を許さず、質にこだわった。高峰さんにとってはそれが逸品だったのだ

11／上質

スーパーで選ぶキュウリ一本から人間まで、高峰は子細に吟味した。

特に人間については、出自や学歴、財産、地位、そして「してきたこと」ではなく、今、目の前でどんな振る舞いをするか、何を言うか、黙ってじっと見ている人だった。

「品行は直せても品性は直らない」、かつて小津安二郎監督が言った言葉と同じ、高峰が最も大切にしたものは〝質〟、それだけだった。

残されていた、タートルネックのセーターはどれもカシミアだった

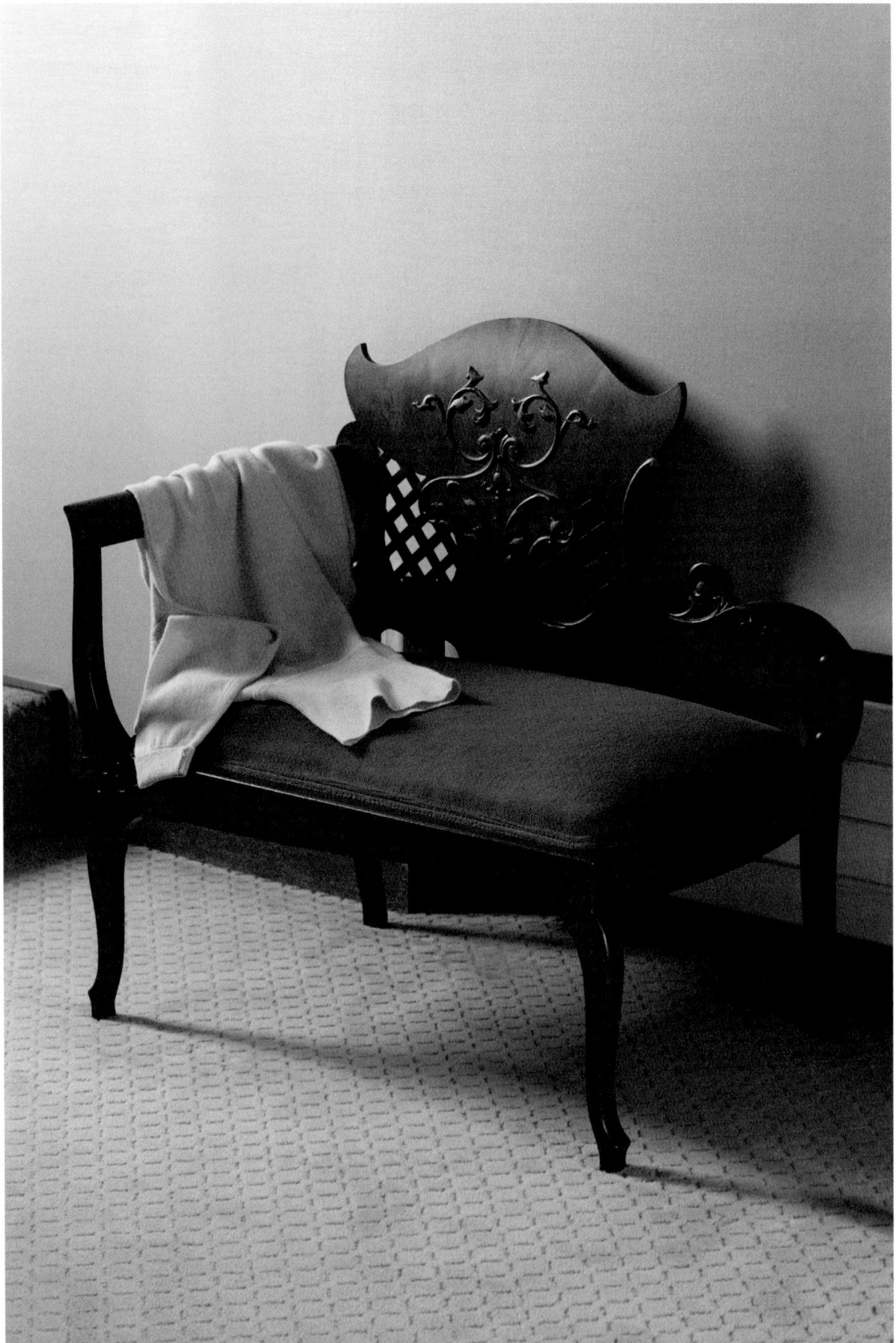

見えないところに贅を尽くした小物、龍をデザインした繊細なスワトーのハンカチ

12 収納は一目瞭然

高峰が死んですぐ、東北大震災が起こった。

東京も大きく揺れて、私は松山を家から連れ出して、庭の真ん中にある紅葉の木に二人でつかまった。東京も停電になるかもしれないとニュースが言った。

蠟燭、蠟燭……納戸を開けると、目の前の棚に直径十センチはある大きなキャンドルがあった。

半年後、高峰を偲ぶ会に出席する松山にタキシードは用意したものの、タイやカマーバンドは一体どこに……ウォークイン・クローゼットの松山のコーナーに近づくと、引き出しの一つに「タキシード小物」と書いたシールが貼ってあった。高峰の字だった。タイ、カマーバンド、ポケットチーフが、何種類も整然と収められていた。

ウロウロしている私に、

「大丈夫よ。見ればわかるようにしてある」

そう高峰が語りかけてくれているようで、怖いような気持ちさえしたのを覚えている。

自分だけがわかっていればいい、ではない。

誰がいつ見てもわかるように、が、高峰の収納だったと思う。

そのお陰で、老いた松山を抱えて、私はどれほど助けられたか。

以前、私は訊いたことがある、

「かあちゃんの整頓のコツは」

高峰はいつでもひと言で即答する。

「いつ死んでもいいように」

それを見事に実行して、逝った。

整理整頓上手だった高峰さん。すべての小物は分類され、引き出しにラベルがつけられていた。亡くなったあと、その整理のよさにどれほど助けられたか、と斎藤氏

III 心を映す

鏡台

夕食に招ばれるようになって、寝室の奥の手洗いを借りる時も、その前は駆け抜けるようにしたほど、それは近寄りがたかった。

「鏡台の左側の、上から二番目の引き出しに煙草が入ってるから、とってきて」

ある日、高峰に言われて、私は初めておそるおそるその傍に寄った。彼女のベッドや文机には平気だったが、なぜかそれだけは、私などが近づいたり、ましてや触ったりしてはいけないと思える〝何か〟を湛えていた。

珍しく一緒に外出した日、早めに行った私を、松山が玄関で迎えてくれた。

「かあちゃんは？」

「寝室にいるよ」

入ると、まさに高峰が支度を終えて、そこから立ち上がろうとしている時だった。

「早かったね」

振り返った彼女の顔……。

どこからでも見てください、いつでも撮ってください。日本映画界の頂点に立ち続けた大女優はそう言っているように思えた。

あの〝何か〟は、その大女優の五十年の重みだったのだ。

私が鏡台の前の高峰を見たのは、その時ただ一度きりである。

靴

「あんたの足がもう少し小さければ、どれでも譲ってあげられるのに……」

高峰は言ったが、私も23・5だから、大きくはない。

だが高峰は22センチだ。

その小さなサイズのパンプスが黒とベージュを中心にズラッと靴箱に並んでいる。

死の一年前、台所で貧血を起こして倒れ、右脚を折ったことがある。幸い三か月の入院で全治したが、その後の月一の通院のために、マジックテープで着脱できる〝おばあさん靴〟を私が十番商店街で買ってきて、用心のために履いてもらった。

その時以外、八十六歳の最後までパンプスを履き続けた人である。

細い脚によく似合っていた。

手も私の掌にすっぽり入るほどだったから、台所で使う包丁が普通のものでは大きすぎて、果物ナイフサイズを使っていた。

夕食のあと、椅子に掛けた高峰の背中を押していた時だ。背中そのものも小さいが、二つの肩甲骨などはもう「オモチャみたいじゃないか」、思わず私が言うと、いつものように振るった一言が返ってきた、

「いいだろ。動いてるんだから」

BALLY
BALLY

80歳をすぎてからも、外出はきちんとしたローヒールのパンプスで。飾りは最小限、同じデザインでも黒、ベージュ、茶色。「ノードストローム」や「バリー」のものがお気に入り。きちんとシンプルに、という哲学がここにも宿る

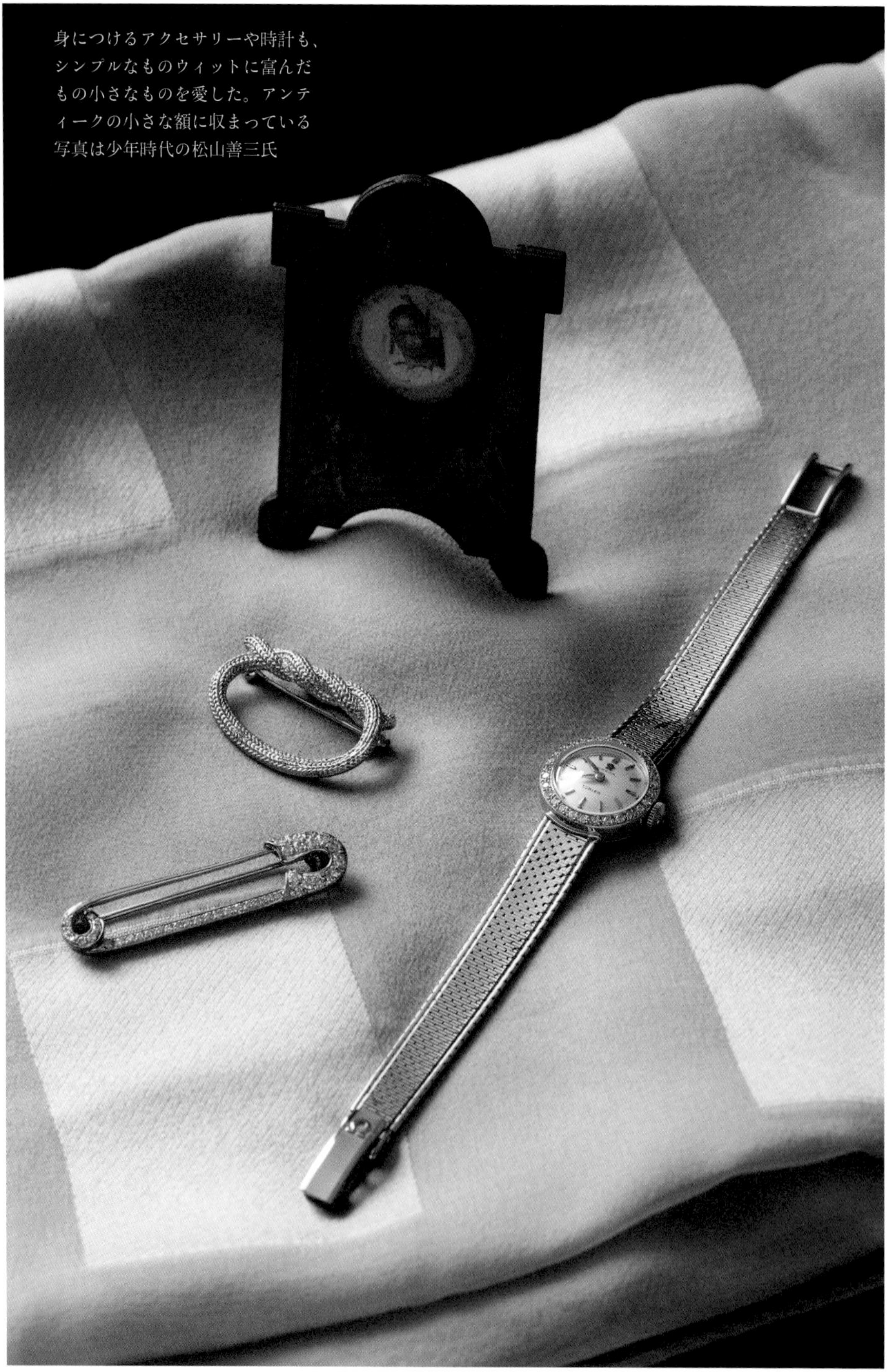

身につけるアクセサリーや時計も、シンプルなものウィットに富んだもの小さなものを愛した。アンティークの小さな額に収まっている写真は少年時代の松山善三氏

アクセサリーや小物

高峰が愛した小さなもの達に、彼女のおしゃれのセンスが凝縮されている。

自身の華奢な体軀と同じように、それらはあくまでも小さく、楚々とした人柄に似てさりげなく、彼女が常にそうであったように、どこまでも繊細で可愛らしく、そして何より、上質を愛した高峰の嗜好が、輝いている。

格子のスーツの襟には、そっけないくらい小さなブローチ。控えめなアクセサリーは、それゆえに心に残る演出だ

バッグ

大きすぎず小さすぎず、華美と奇抜を好まず、実用的で上品。
持ち主の人柄そのままのコレクションだ。

マダム・ヒデコのバッグ

〝マダム・ヒデコ〟のロゴマークから本体まで、素材選びもデザインもすべてを高峰自身が差配した、男性も使えるシンプルバッグ。販売するためではなく、親しい人へのプレゼント用に制作したもの。松山はブラウン、高峰はブラウンとブラックを愛用。かつて私もブラックを貰った。

ブラック、ホワイト、チョコレート、ブラウン、キャメル、クリーム、ベージュ、ワイン、ダークブルー、モカ。今回、全10色を一挙初公開する。

自然素材のバッグも好きだったらしく、少しずつ異なる形のものがいくつか残されていた。

手袋

今回、私は初めてクローゼットの引き出しを開けて、これら高峰愛用の手袋を、見た（84〜85ページ）。

いや、見つけたと言ったほうが正確かもしれない。深い引き出しの奥から、まだある、まだあると、まるで遺跡から宝物を発掘するように出てきたのが、これらの手袋だ。

とにかく小さい。甲幅も指も……これがピタリと入る女性は滅多にいないだろう。

そして数が多いことに驚いた。長さ、デザイン、色、素材、一つ一つが微妙に違って、どれもが繊細で美しい。

高峰が身に着けるものの多くは夫婦で海外へ旅した際に求めたものだが、この手袋ばかりは、これほど小さなサイズを外国の女性用に売っていたとは思えない。おそらくは、高峰の華奢な手に合わせて、どこかの国の、または国内の革工房でオーダーメイドしたのだろう。

一度でいいから、高峰がこれらの手袋を着けた姿を、生で見たかった。そしていつ、どこで出逢ったのか、一つ一つにまつわる物語を聞いてみたかった。

左：オーバーコートには、帽子と革の手袋。冬のヨーロッパを旅する高峰さんの定番コーディネイト

この色、このデザイン、この素材……全部をお見せできないのが残念！

帽子

日本人はそもそも帽子が似合わない。身長が低く、頭が大きく、顔が丸いというモンゴリアンの傾向を強く持っているからだ。

高峰も身長は１５５センチと高くない。顔も丸形に近い。だが、とにかく顔が小さい。映画の中ではわかりにくいが、じかに会うと、遠近感を失うほど小さい。首も細かった。だから帽子がバランスよく似合った。

己の身長、顔の大きさと形、それらを精緻に把握してこそ成り立つ、帽子は最もその人のセンスが問われる、危険な服装品である。

つばの広い帽子を軽やかに

冬のヨーロッパの街角にはコートと同じ素材のトーク帽が映える

左：ふわふわしたベレー帽に真珠のネックレスを合わせて

Binger Eifel
Bingen am Rhein
KENT

夫の松山善三氏が高峰さんのために購入したジャガー。シートは、車体のシルバーブルーに映えるよう高峰さんが特注した深紅の革。手前のスーツケースは夫妻でお揃い

出かけるときは

こと〝支度〟や〝準備〟に関して、高峰ほど完璧な人は、まずいないだろう。

それは生活ぶりと同じで、日々の暮らし方に不備や迂闊がある人は、旅先で必ず「あ、○○をトランクに入れ忘れた」「△△を持ってくればよかった」ということになる。

高峰と松山の共著『旅は道づれツタンカーメン』『旅は道づれガンダーラ』を読めば、いかに高峰の準備が万全だったか、わかる。

中東の洞窟に入ったら真っ暗で、ガイドもとまどっている時、パッと一隅が明るくなった。高峰がハンドバッグからペンライトを出したのだ。中東の店で焼いただけの肉を出されて食べていた時、チョチョッとかけて美味しく肉を食べる高峰を見て、「私も」「私にも」と数少ない日本人が請うて、高峰が持参した醬油の小瓶はあっという間に空になったというくだりがある。

準備とは、想像力と英知なのである。

左：国の内外を問わず、どこを旅するときも二人一緒。夫妻共著の紀行文は「旅は道づれ」シリーズとして4作を数える。

Johnson

旅行ポーチの中

「備えあれば憂いなし」を地で行く高峰さんの旅じたく。旅行ポーチには、化粧道具、洗面道具、洗剤のほかセロテープ、油性ペン、塩までも。右上の赤い電化製品は携帯用ドライヤー。折りたたみ傘もこのとおり、すっきりとしたデザインのものを選んだ

POND'S
2-IN-1
RIESLING
Ondine

花が好き

一日も花を欠かさなかった。

食卓、台所のカウンター、松山の書斎、応接テーブル……屋内の数か所に、必ず季節の花が咲いていた。水換え水切りはもちろん、枯れた葉や花びらをとって、毎日可愛がっていた。

「かあちゃんは、花の世話がよくできる」

松山も言った。

人様から花が届くことも多かった。ただしその中でも好きな花しか飾らなかった。戴いて一番好きな花は食卓に、次に好きな花はカウンターに、その次は応接の卓にと、飾る場所によって高峰の好き度がわかった。嫌いな花は、捨てるのも可哀想だからと、自分の目につきにくい場所に置いた。

十代のファンから誕生日に送られてきたスズランの小さな鉢植えが鏡台の袖にあるのを見て、あぁ、これは特別なのだなと、感じたことがある。

赤い花、派手な花を好まなかった。だから真っ赤なバラやユリが送られてくると、機嫌が悪かった。

高峰が最も愛した花は、都わすれ。

花言葉は、しばしのお別れ。

IV おしゃれを読む

田中絹代さん譲りの蒔絵の櫛

櫛

「秀子ちゃん、これをあげましょう。お仕事の役に立つかもしれないから……」

そう言って、私の掌に三枚の櫛《くし》を並べてくれたのは、いまは亡き女優の田中絹代さんである。ところは、鎌倉山の「絹代御殿」と呼ばれていたスキヤ造りの絹代さんの寝室、秀子ちゃんと呼ばれた私は、そのとき十二歳だった。

菊池寛原作、五所平之助演出の、映画『新道』前後篇、『花籠の歌』と、三本たてつづけに彼女の妹役をつとめた、貧しい少女俳優だった私を、当時、二十八歳、日本映画を代表する「銀幕の女王、日本一の人気女優」であった絹代さんは、ほんとうの妹のように可愛がってくれた。私もまた絹代さんが好きだった。撮影所の中ではもちろんのこと、撮影が終わって鎌倉山の自宅へ帰るときも、「お願い、秀子ちゃんを貸してね」と、私の母に手を合わすようにして、黒塗りの自家用車に乗せて私を鎌倉山へ連れ帰った。家にはいつも二人の女中さんの他には誰もいなかった。私たちはまずお風呂に入って撮影所のほこりを洗い流したあと、向き合って夕食のお膳に向かった。檜《ひのき》の風呂桶は蹴とばせば底が抜けるほど薄く優しく、お膳も食器もすべてがお雛《ひな》様の道具のように愛らしく、それにも増して私の眼の前にいる絹代さんのつぶらな瞳はもっと美しく愛らしかった。夕食のあとはファッションショーであった。洋服ダンスや和ダンスの並んだ納戸《なんど》に私を連れこんだ彼女は、サテンのワンピースや外国製のセーターなどを次々に取り出しては私に着せ、「私より、秀子ちゃんに似合う」と言って、小さな掌をパチパチと叩いた。いったい私はどれほどの服や着物を彼女から貰《もら》ったことか、いま考えても思い出せぬほどの数であり、どれもこれも当時の私がサカダチしても買えないような上等品ばかりだった。けれど、育ち盛りの私の背丈はぐんぐんとのび、みるみるうちに五尺に満たない絹代さんの背を越した。ウエストのボタンはとまらず、セーターの袖もつんつるてんになった。絹代さんの手から私の掌に三枚の櫛が渡されたのは、くれるほうも貰うほうも途方に暮れていたそんなある日のことだった。櫛は、朱色の地に金で菊の花が画かれたもの、金地に密な蒔絵《まきえ》がほどこされたもの、もう一枚は渋くおさえた金一色のもの、と、まるで女の一生を物語るような三枚だった。絹代さんは、遠からず少女役から桃割れの娘役に、島田から丸髷《まるまげ》にと成長する女優としての私を夢みて、三枚の櫛をくれたのだろうか？　私には未だにその意味はわからない。

その後、間もなく、私は松竹映画から東宝映画に籍を移した。そしてさらに新東宝を経てフリーランサーになって現在に至っている。「松竹から東宝に移るとき、私は絹代先生に相談に行ったのだよ。絹代先生はじっとうつむいて考えていたけれど、東宝へゆくことで秀子ちゃんが立派な女優さんになれるなら、いえ、しあわせになれるのなら、私にはとめる権利はありません、と、キッパリとおっしゃったのだよ」という、母の思い出話を聞いたのは、すでに絹代先生が黄泉《よみ》の世界に旅立たれたあとだった。遅すぎる言葉は何の役にも立たない。その愛情のこもった彼女の言葉に感謝したくても、相手の姿はもうこの世に無く、今さらながら思慕のおもいが胸に溢《あふ》れた。

三枚の櫛は、あまりに上等すぎて、私の頭に乗せるには分《ぶ》にすぎた。つまり私は、彼女が私の上に夢みたような立派な女優にはなれなかったということである。私は三枚の中の金一色の櫛を、私の最も尊敬する杉村春子先生に贈った。怠け女優の私よりも、名優杉村先生の舞台姿を飾るにふさわしい、と思ったからだった。櫛は、二代にわたって日本を代表する女優の髪を飾る運命を持ったことになる。

いっときスクリーンから遠ざかっていた絹代さんは、昭和四十九年に再びスクリーンの上に姿を現わした。映画『サンダカン八番娼館』に主演して、見事に演技賞を獲得した。

文字通り終始「女優」を全うした人だったけれど、個人的には結婚にも恵まれず、子も無く、孤独な生涯をおくった人であった。晩年は、もと田中家につとめていた女中さんの家で、飼猫を膝にのせてお茶づけをすするのを唯一の楽しみにしていた、と聞く。四十余年前、私と向き合ったお膳の前で静かに箸を動かしていた大スターの彼女に、少女だった私はふと孤独の影を感じたことがあったけれど、彼女は終始その孤独を道づれにしたまま、静かに地下に消えてしまった。

それにしても、戦争や、何度かの引越しを重ねた四十余年の間に、絹代さんに貰った衣類はかげも形もなくなったのに、三枚の櫛だけは不思議にいつも私の鏡台の引き出しにあった。古い櫛には女の魂や怨念が宿っている、といわれるけれど、私に残された二枚の櫛は、私を愛してくれた絹代さんそのものと思って、生涯、私のお宝にしていたい、と思っている。

（『いいもの見つけた』より）

顔とツラ

人間の顔にはもうひとつの名称がある。それはツラである。

顔とツラは同じものだが、受ける感じはずいぶんちがう。

人間、六十歳になったら、自分の顔に責任をもて、という。たとえ、「顔」にはなれなくても「面」にはなりたくないと思う。

五歳で俳優になって、以来四十余年間、私はのべつまくなし鏡に向ってメークアップをし続けてきた。少女から老婆まで、いったい何十人、何百人の他人に化けてきたことだろう。


女というものは不思議なもので、メークアップによって半分くらいは、それらしい気分になるものだ。ズンベラボウの顔にザンバラ髪では冴えない気分もちょっと美容院へ行き、口紅ひとつつけるだけで浮き浮きするように。俳優もまた、メークアップによって、その役柄の人間に近づく努力をするわけだが、なんとしても一人の顔という土台は一つしかない。あとは演技とやらで、それらしい人間を表現する他はない。第一、いくらおでこにシワを画いてみても後ろ姿になればシワは見えないのである。俳優にとってメークアップは限度があるということで、メークアップはあまりアテになるものではなく、その役の人間らしく粧う衣裳、髪かたちなどの一部くらいに思っているほうが間違いがない。

昔、「化粧」は女の身だしなみとされていた。そして身だしなみは「女のつつましさ」に通じていた。しかし、時代が変わるにつれてミディ、マキシ、など服装の流行につれてメークアップのほうもまた、タヌキの如き目の化粧、糸の如き眉、ハート型の唇、といった風に目まぐるしく流行するから、とても一つの土台では間に合わず、土台そのものをけずってみたり、ふくらませてみたり、と、なんとも忙しいことである。あげくはせっかくの「顔」が「ツラ」なってしまったり、「ツラ」が「顔」になりそこねて自殺をしたりする。美しくなるためとあれば、それもこれも同性として気持はわかる。けれど、当人にとっては「顔」のつもりでも他人から見れば「ツラ」にしかみえない、ということだけは忘れないほうがよい。

私の友人が、出産のために香港の産院へ入院した。ある日回診に来た中国人の医師は、ベッドでグンニャリとしている友人を見てこう言ったという。「妊娠は病気ではないのですよ、ちゃんと口紅くらいつけてキチンとお化粧をしていなければいけませんね」

化粧をすることは、もちろん美しくなるためである。なんのために美しくなりたいのか？

「恋人のために……」

「他人にみせるために……」

「自分の楽しみのために……」

人によって、それぞれの理由はあるだろう。が、私はこの中国人の一言にこそ「化粧」

の真髄があるのではないか、と思う。

「顔」になるのも「ツラ」になり下がるのも、すべては当人次第そのカギはその人の〝心〟がにぎっている。


（『瓶の中』より）

鏡

「女はいつまでも若くはないからね、おまえだってこのごろは、鏡の前にすわっている時間がずいぶん長くなったよ」

これは、シナリオライターである私の亭主が、ある映画のために書いたせりふである。そして、そのセリフを言う当人は、女房であるこのアタクシであった。「なかなか、うめえせりふを書くじゃないか」と、私はまず感心した。それから「ハテ、これは私自身のことかな、チクショーメ」と思った。しかし、まことにそのとおりだからしかたがない。若いころは、鏡の前にすわってもすることがなくて、アッケないほどであった。クリームをつけるのを二、三日忘れても、肌はいつもつやつやとして、唇はピンク色をしていた。今の私は、自分でもあきあきするほど、鏡の前から腰が上がらない。

鏡というものは、百科事典をひもとけば、その昔から、魔物――神に通ずるもの、とある。鏡はいつの間にかわが身を装うために使われるようになったが、実はわが身の内にある〝心〟を映すのが本来のすがたではないか、と私は思う。

心の美しい人は、真実、その顔も美しい。心貧しければ、その貧しさを、心おごれば、そのおごりを、鏡は容赦なく映しだす。

人生の荒波にもまれ、試練に耐えてなお、心美しい清々となった人、美しい心を持ち続けた人は、鏡に映ったその顔もまた美しい。白髪がはえても歯がぬけ落ちても、その美しさはだれにも及ばぬ気品と人間性に凜然として輝くものだ。

若さといえば、このごろの若い女性のお化粧は念がいりすぎて、ますます舞台化粧のようにくどくなってきた。あのメーキャップのまま外国へ行って散歩でもしたら、娼婦とまちがえられてもしかたがない。いったい、彼女らはその若さを強調すべくアイラインをひき、アイシャドーをつけ、つけまつ毛までして人目をひくのだろうか。それとも、若く至らぬ心をせめて化粧でカバーしようという心づもりなのだろうか。せっかくの若さを、あもったいないことだと、私はじりじりしてくるのだが、いずれにしても、その理由は、やっぱり〝鏡〟がご存じよ、ということかもしれない。

（『コットンが好き』より）

香水

アメリカやヨーロッパの劇場や、西欧人のパーティー会場へ行くと、その華やかな装いやきらめく宝石に目をうばわれる前に、まず、いろいろな香水の入りまじった強烈な匂いに圧倒される。

西欧人は体臭が強いので、男も女も香料を化粧料というよりは必需品として使っているようだ。男性はオーデコロンを首のまわりやわきの下に浴びるほどふりかけ、女性はより濃厚な香水を、耳のうしろ、手首などにすりこんで、それでも足りずにスプレーで下着一面に吹きつけたりする。

匂いはその人個人の性格を表示するたいせつなもので、その人の使っている香水の匂いで、その人の好みや性質まで判断できるわけだから、彼や彼女の「匂い」に対する関心はじつに深い。

私も、外国のホテルのエレベーターの中で見知らぬ人から「あなたの香水はなんですか?」と聞かれたり、街ですれちがった女性《ひと》に「あなたの香水の名前を聞いてもいいかしら?」といわれてビックリしたことがある。日本ではまず考えられないことである。

パリには、幾百、幾千種類もの「匂いのエッセンスのはいった小瓶」を並べて、客のイメージや好みに応じて香りを調合してくれる店がある。

そんな店にはたいてい、一見して有閑マダム風の女性がドッカリと腰をすえ、真剣な表情であれこれと匂いを試している。私も真似して店へはいってみたけれど、迷えば迷うほどへんてこりんな香水ができあがり、その複雑な匂いをかいでいるうちに頭痛がして閉口した思い出がある。

日本では、香水の匂いで「あ、あの人だ」と気がつくほど、香水を個性的に使っている人は少ない。私の知る限りでは、村瀬幸子さんという女性ただ一人である。

村瀬さんは、私がまだ子役のころから新劇の女優さんだった。私は映画やラジオでよく彼女と共演したが、彼女のいる場所には、いつも、なんともいえぬ良い香りがただよっていた。

その香りが村瀬さんのつけている香水の匂いなのだと気がついたのは、私が少女になったころだった。

私は村瀬さんに聞いた。

「その香水、なんて名前ですか?」

「ソワレ・ド・パリっていうのよ。パリの夕暮れって名前……。デコちゃん、好き?」

村瀬さんは、そう答えて優しく微笑《ほほえ》んだ。ほっそりとした身体に切れ長の眼もとの村瀬さんが、急に、見たこともないパリジェンヌのように思えて、私はなんとなくポーッとしてしまった。そして、私も早くおとなになって、香水の匂いで、「あ、あの人がいる」と思われるような女性《ひと》になりたい、と思った。

少女のころ、村瀬さんの効果的な香水の使いかたにあこがれてはみたものの、その後、シャネルだ、リュウだ、黒水仙だと、まるで匂いの中をさまよう浮気な蝶のように、右往左往するばかりで、いっこうに私の匂いは定まらないうちに、五十の坂を越えてしまった。人間を五十年もやっていると、体内に溜ったオリやらカスやらヘドロのためか、体臭までがクサクなる。

そこらにある香水を、手あたりしだいにぶっかけて、老臭を消すなんて、ああ、夢もへちまもあったものではない。

ときおり、街の香水売場で「ソワレ・ド・パリ」の紫色の香水瓶をみかけるたびに、私は、村瀬さんの優しい笑顔をなつかしく思い出す。

そして、一つの匂いと何十年もつきあい続けてきた彼女は、やはり、ひとすじの気性を持った、見事な女性《ひと》だと感心してしまうのだ。

（『いいもの見つけた』より）

スーツ

あたりまえのことだが、日本国には春夏秋冬という四季がある。

夏といっても耐えられぬほどの暑さではなく、冬のきびしさも、瞬間冷凍になるほどの寒さではない。暑いの寒いのといっても、ゼイタクなほど日本の四季はおだやかである。

春夏秋冬……人それぞれに好きな季節はあるだろうけれど、重たいコートを脱ぎ捨てて身軽になる春のはじめは、やはり心まで軽くなる思いだ。

花屋の店先に春の色があふれ、木々の梢がチラチラと青い芽を吹き出すと、人々もまたモッコリと着こんだ衣類を、まるで殻でも脱ぐように一枚一枚と脱いでゆく。家の中ではセーターとスカート、そして外出着には軽いスーツ……。

そう、春はスーツを楽しむ季節ともいえる。

ふだん着のセーターは、バーゲンや手作りで間に合わせても、春風の中のスーツだけは、少々はりこんで新調したいと思うのが人情である。私は以前から一年間の外出着を「スーツ二着」で通す工夫はないものか？　と考えていた。

女優という商売は、好むと好まざるとにかかわらず、やたらめったら衣裳がいるので、その繁雑さにうんざりし、もうちょっとスッキリした服飾生活をしたいと思うあまりに、こんなことを考えるのかもしれないし、スーツという便利な衣類を、自分なりにフルに試してみたい、いまはやりの言葉でいえば「スーツに挑戦してみたい」のかもしれない。

スーツにも、ピンからキリまであり、ブティックを二、三軒のぞけば、カジュアルからフォーマルなスーツまでがずらりと並んでいる。まさに目の毒、迷いのもとである。

私が二着のスーツを選ぶとすれば、軽いスーツと重いスーツに決める。

一着は布地もデザインも気軽なもので、たとえば、上等のニットかホームスパンのスーツ。色は無地でブラウスやスカーフで変化をつける。これが朝から夕方までの軽いスーツ。もう一着は、男性のダークスーツに相当するフォーマルスーツとして、布地も仕立ても最上等にしたい。色はもちろん無地で、黒か、それに近い濃い色を選ぶ。そうすれば、冠婚葬祭はもちろん、宝石やコサージュなどのアクセサリーひとつで、どんな場所にも出られる。夜のパーティーの招待状に、もし、「ブラック・タイ」という指定があれば、女性はイヴニング・ガウン着用、ということだから、そういう席に出る必要があるなら、上衣と同じ布地でロングスカートを作っておけばよろしい。色とりどりのはなやかなロングドレスの中でのスーツスタイルは、キリッとして、かえって効果的かもしれない。

考えてみれば、私たち日本女性のほとんどは、無意識のうちに、和、洋という二重生活をしているわけである。和服と洋服、じゅばんとスリップ、足袋と靴下、草履と靴……。身のまわりがごたごたするのはあたりまえである。やっぱり、スーツ二着でスマートにゆこうっと……。

ちょっと得意になって、夫に話したら、「その代わり、アクセサリーはダイヤモンドやエメラルドなんてことにならないようにお願いします」と、一本、釘をさされた。

（『いいもの見つけた』より）

ロングドレス

この二、三年、私たち日本人の服飾関係に目立って浸透してきたのは、ブーツとロングドレスだと思う。ブーツはどちらかというと、ヤングに先どりされた格好だけれど、ロングドレスは年齢の関係なく、深く静かに潜行しつつあるようだ。

ロングドレスを着る場所は、結婚式など華やかなパーティーが多い。若い女性はナウなドレスを、そして年配の女性は鹿鳴館時代のローヴ・デ・コルテへの夢よろしく、最近は、和服の訪問着や色留袖の間に、さまざまなロングドレスが仲間入りしている。

ロングドレスは、なぜ、着られるのだろう？　「和服の盛装はお金がかかるから」「和服の着つけが面倒だから」「形の悪い脚をかくせるから」「身軽で経済的だから」と、それぞれに理由はあるのだろうけれど、ロングドレスはまだまだ私たち日本女性にとって「新鮮な衣裳」であるとともに、やはり「一度は着てみたい衣裳」なのではないかしら？　と私は思う。私は商売柄、少女のころからロングドレスを着てステージに立って歌うことが多かったが、「私も一度でいいから、すその長いドレスが着てみたいわ」といわれるたびに、「ヘエ、そんなものかしら？」と思ったことがある。ロングドレスは、いうならば私の仕事着であったから、珍しがられることのほうが私には珍しかった。敗戦後、現在《いま》の東京宝塚劇場はアメリカの進駐軍に接収されて、兵士慰問のための劇場になっていて、「アーニーパイル劇場」と呼ばれていたが、さあ、そのステージで歌うことになったが、ロングドレスがなく、あわてて、旧日本軍の落下傘用の白絹や、和服の雨コートをドレスに仕立てて着たこともあった。大きいステージはやはりロングドレスのほうが格好がいい。当時は「ロングドレス」とはいわず、アメリカ風に「イヴニング・ガウン」と呼んでいた。

さて、いったい私たち日本女性に、ロングドレスは似合うものか、どうか、となると、なかなかむずかしい。もちろん西欧人の中にも身体に対して頭の大きいちんちくりんや、脚の短いデブもいるけど、なんせ、生まれたときから洋服を着慣れている彼女たちは、ロングドレスを着ても、背すじをピンと張り、どこか颯爽《さっそう》としていて、いわゆるものおじをしない。ちょうど私たち日本女性が和服を着たときにいうにいわれぬ、ある自信を持つのと同じなのだろう。最近の若い女性の肢体は、そこら？　の外人サンより、よっぽどのびのびと美しくなった。脚の長さだって申し分ない。ブーツもロングドレスもよく似合う。ただし人形のようにジッとつっ立っている限りは、である。一歩歩き出したら最後、百人のうち九十人までは、せっかくのロングドレスがネグリジェや腰巻きに見えてしまうのは、いったいなんとしたことだろう？

　私たち日本人の歩きかたは、自慢じゃないけれど世界一といっても過言でないほど「下手」である。背中を丸めてのチョコチョコ歩き、ヒザの曲がったヒョコヒョコ歩き、その中でも日本人特有の内また歩きは、ロングドレスやブーツの大敵だと私は思う。ロングドレス着用経験者の一人としてチイといわせてもらうなら、まず第一に、下着だけになって大鏡に向かって歩き、自分の歩きかたをチェックしてみることだと思う。われながら申し分のない歩きかただと思ったら、それでＯＫ。つぎは、とにかく着慣れることである。新調のロングドレスをパーティーの当日までしまいこんでおかずに、せめて、二、三度は身につけて、ちゃんと靴をはいて、家の中をグルグル歩いてみたり、腰かけたり、階段を上がったり降りたりして、着こなしてしまうことである。ロングドレスの生命は、一にも二にも優雅なすそさばきにある、と私は思うからである。なにが忙しいのか、ホテルの廊下をロングドレスのすそをたくしあげて歩いている女性《ひと》を見かけるけれど、あんなカッコ悪いものはない。あの姿は和服でいえば尻はしょりをして腰巻きを出す夕立ちスタイルと同じである。

とにかく、ロングドレスを着ちまった以上は、やぶれかぶれで、「自信」を持つことが、美しくみせる唯一のコツといえるのではないだろうか。ファッションモデルのように眼尻吊り上げて肩で風切る、という感じではなく、そう、話はちょっとオーバーかもしれないけれど、来日したエリザベス女王の、あの気品と優雅さこそ見習うべきではないか、と思う。エリザベス女王は、腰をぬかすほどの美人でも、スタイル抜群の女性でもない。しかし、彼女はおどろくべきチャーミングな女性《ひと》である。

（『いいもの見つけた』より）

スカーフ

私がはじめてパリへ行ったのは、昭和二十六年の初夏だった。パリがすべての流行のメッカであることは、当時もいまも同じである。生まれてはじめての赤ゲットの私が、パリへ行けば、さぞやあふれるほどのニューファッションが見られるだろうと期待に胸を躍らせたのも当然のことだろう。けれど、私の眼にうつったパリは、意外も意外、街ゆく女性の十人のうちの八人までが、なんのへんてつもない地味なスーツ姿だったのには、ガッカリするよりさきにビックリしたものである。

考えてみれば、華やかなファッションを売るためにはそれらを創り出す裏方がいる。パリに住むデザイナーの彼やお針子の彼女らはあくまで裏方なのであって、自分たちがチャラチャラと着飾っているヒマなど、あるはずがないのである。そういう彼女らにとって、スーツほど便利な服はないのだろう。スーツさえきちんと着ていれば、だいたいどんな場所へも出られるし、アクセサリーしだいで、男性のダーツスーツに相当するフォーマルな衣裳にもなる。上衣を脱いで身軽になればすぐに仕事にとりかかれる。フランス人の堅実な生活ぶりが、そのスーツ一着に現われているようであった。

忙しげな足どりで街をゆく若い女性の、スーツのアクセサリーといえば、スカーフのおしゃれ一辺倒だったようである。

いまでもパリの街には、軒《のき》を並べて、という形容がピッタリくるほど、スカーフ、手袋などの小物を商う店が多い。彼女らは、なにか特別の日を迎えるときには、美しいスカーフを新調してスーツの胸もとを飾って気分を変えるのがたのしみのようである。

ほんとうはブラウスを新調したいところをスカーフ一枚でグッとがまんし、おこづかいがたっぷりと溜るのを待って、バン！　としたスーツを、というのが彼女らの考えである。

日本でも、最近はスカーフのおしゃれが流行《はや》っているらしいけれど、まだまだ衝動買いが多いらしく、フランス人ほどの計画性はないようだ。私なども、大金を投じて買ったスカーフがどの洋服にも合わず、結局はタンスの引き出しに放り込んでじだんだを踏むことの繰り返しで、口惜しい思いをしている。

パリには、私の古い友人で、フランス人と日本人の混血の女性がいる。別れた夫の仕送りを受けながら自分も働いて、二人の娘を育てているが、その生活はつつましいというか、じつに質素である。しかし彼女はエルメスのスカートをつけ、同じエルメスのスカーフをはなさない。

「このスカート、高かったけど、もう五年はいているのよ、何度洗濯したか数えられないくらい。でも、結局、高くてもいいものはトクね」

私は、その紺のスカートをしげしげと眺めたが、うちこみがよさそうでズッシリとしたスカートは、新品同様でシワひとつなく、踏まれても、もまれても、ビクともせず、「これぞ、スカート！」と、その存在を誇っているかのように見えた。

「じゃ、また明日」と、別れるころに雨が降ってきた。彼女は私と握手をすると、エルメスのスカーフで無造作に頭をつつんで駆け出した。「うわ、もったいない、それ絹でしょう?」と叫んだ私に、彼女はキョトンとした眼で振りむいた。

「大丈夫よ、家へ帰ってアイロンすればピーッとなって新品に戻っちゃうから、高くってもトクよ……」ああ、この確信に満ちた答えかた……。その語気には、「エルメスともあろうものが、雨くらいでダメになられてたまるものじゃない」という、あるきびしさがあふれていた。

「なるほどね……」私はフランスの女性の、したたかな根性をみせられた思いで、ちょっと呆然とし、タクシーを停めることも忘れていた。

（『いいもの見つけた』より）

パリの素顔（抄）

パリには矢張り良いものがあることは勿論で、飾窓など覗いて歩くとどうしても眼がこえて一寸やそっとのものでは満足しなくなってしまい、結局買えないけど中途半端じゃ癪だってんでセーターにスカートでとぼけているより仕方がありません。いいものは高いのは当り前のことかも知れませんが、日本ではこの高さは想像がつかないと思います。三十万、五十万の洋服なんてものはみるだけでたくさんなので、そうかといって着のみ着のままでここへついた私は、冬近くなれば風邪をひきそうで心細くなってきました。

こちらでお友達になった二世の美人、山崎プレ（ニック・ネーム）嬢の紹介でスーツとコートをつくりました。

マドレーヌの側のビルの二階にある小さい洋服屋さんです。

ここのご主人、お医者みたいな恰幅のいいお爺さんでお世辞もいわず真面目くさった顔をしているけれど、ひとたび仕事となると気狂いです。私は着て帰るつもりで同じ布地の灰色でトロア・ピエス（三つ揃い）を作りました。値段の高いのには一寸眼が大きくなりました。

一度目の仮縫いは白い木綿の布地でモデルをとります。私はお化けみたいに白いきものに包まれた自分を鏡の中にみて如何なることかと思いました。二度目の時は、布地は灰色のだったけど裏返しで縫い目は全部外に出てます。三度目には、お爺さんは、あなたと同じマヌカンを作ったから大丈夫だとニコニコしてました。

三度目、四度目と仮縫いをするので、そのたび、少し痩せましたねとか、肥ったナ、とかいわれ本当にお医者みたいなので可笑《おか》しくなってしまいました。私の肥り工合や背の高さによってモデルの四つボタンを三つにするとか、フレヤーを一本だけ減らしたとか、ボタンはわざわざ染めさせたとか、もうこうなるとおまかせするより仕方がありません。

前にまわり、後から眺め、お爺さんは汗をたらしながら眼の玉を飛び出しそうにして一生懸命です。ふと気がついて、少しお休み下さい、疲れたでしょう？　といいますが、まだ私の上着の丈を計ることに夢中です。

一体、何度仮縫いをすれば出来るのでしょう。

でも、何だかこの頃の私は、この洋服屋の戸口のベルを鳴らすことが一つの楽しみになってきました。高い仕立代のことも余り気にかからなくさえなってきました。今のところ一週間に一度の仮縫いが、私のパリ生活の日を占領しています。

マロニエが、もっともっと黄ばみ、レストランでカキが出はじめる頃、そして二、三回風邪をひいたり、なおったりする頃、私はこの灰色のコートを着られることでしょう。

（『巴里ひとりある記』より）

ニューヨークの黒人

久しぶりでニューヨークへ行った。ニューヨークが最近とみに物騒なこと、街が汚いこと、日本料理店がふえたこと、など、ニュースは少々仕入れていったが、自分の目で見て、もっともニューヨークが変わったと感じたのは、黒人がふえた、というよりその職業が激増したことだった。十年ほど前までは、黒人の職業はせいぜい、人夫、ホテルの掃除婦、ポーター、皿洗い、などだったが、現在はスポーツ選手はもちろんのこと、医師、弁護士、学校の先生、エンジニア、看護婦、テレビタレント、ブロードウェイのミュージカルスター、と、その活躍はめざましい。フィフスアベニューを闊歩《かっぽ》し、一流ホテルのロビーを徘徊《はいかい》する彼らの、昔とは見ちがえるほどに悠然《ゆうぜん》とした態度は、いったいどこからきたのだろう？　それ以上に私が目玉をむき、口をあけて見とれたのは、彼らが身にまとっている斬新《ざんしん》、絢爛《けんらん》、奇抜な、「衣装」であった。

聞くところによると、彼ら黒人は以前には高価で豪華な自動車を乗りまわすことによって白人に挑戦したが、いまはその収入のすべてを衣装のために使うそうである。真紅の背広に黒いベルベットの山高帽子のカッコいい男性、ぴったりと身体に密着した鹿皮のパンタロンスーツの女性。彼らはいかなるファッションも、いかなる色彩も、手あたりしだいに着こなしてしまうようであった。彼らはもはや縮れた頭髪を特製のポマードでむりにのばしたりはせず、いっそう縮らせふくらませることで自分をより特徴づけ、美しくみせることに自信をもっている。

そうだ。彼らは、ある日とつぜん、自分たちの姿態が白人よりすぐれていることを認識し、「自信」をもったのである。小さな頭、みじかい胴からのびた長くまっすぐな手足、その動きの豹《ひょう》のような敏捷《びんしょう》さとしなやかさ……。あるいは毛皮をまとい、あるいはカラフルなロングドレス、と、おもいおもいの服装の黒人たちの前で、白人たちは見劣りをとおりこして、ほとんど野暮《やぼ》ったくさえ見えるのだった。

私はあらためて、「着るとはなにか?」と考えなおさずにはいられなかった。

一見珍奇とおもえるような衣装をも強引に着こなしているのは、彼らの「自信」なのであった。

それなら私たち日本人の場合はどうだろう? 私たちは土台の悪さをゴマ化すためか、内容の貧しさをおぎなうためか、ピエール・カルダン、クリスチャン・ディオール、イヴ・サンローラン、グッチ、エルメス、などという、有名銘柄にめっぽう弱い。見ための立派さ美しさのみに頼るのは、贈りもののアゲ底スタイルにも似て、いっそうみずからの貧困さを披瀝《ひれき》しているような気がしてならない。

黒人は、白人に対する反抗の精神から出発した「自信」で身を飾り、私たち日本人は、貧しい拝金思想から出発した「コンプレックス」で身を飾る。

「上等舶来」という観念から、私たちはいったいいつになったら解放されるのだろう。せめて着るものぐらいは名前や銘柄に頼るのはやめにしたい。衣類はしょせん、「最中《もなか》」の皮にしかすぎない。最中の皮は中のアンコを包むためにあるもので、皮だけをうまいうまいと食べる人はいないし、最中の勝負は中のアンコのよしあしで決まるものである。

ニューヨークの友達が「黒人のつぎの挑戦はここですよ」といって頭をたたいてみせた。その言葉はそっくりそのまま、私たち日本人にもあてはまるようである。


（『コットンが好き』より）

ダイヤモンド

昭和二十三年のある日の午後、私は成城の自宅で一個のダイヤモンドを瞠めていた。キリッとしたエメラルドカットのダイヤモンドが放つ七彩の光に圧倒されて、私の胸はときめいた。男性は、優れた日本刀に本能的に心ひかれるというけれど、女性がダイヤモンドに魅せられる感覚と、どこか似ているような気がする。

敗戦間もない当時の日本は、てんやわんやの大混乱の中にいた。税制が変わって、もと宮様も大財閥も財産税の支払いで大混乱の最中だったのか、私の家には、もとナニナニサマの持ち物という触れこみで、銀製の食器やら金銀細工の置物やら、宝石類の売りものが続々と持ちこまれた。その中から、山椒は小粒でもピリリ、という感じでピカリと現れたのがくだんの角ダイヤであった。

三カラット、百二十万円、という値段が高いのか安いのか私には分からなかったけれど、私は即金でその石を買った。私はその石を指輪に仕立てて自分を飾ろう、とか、人にみせびらかそう、とは毛頭考えなかった。日夜、撮影所での重労働と、養母との泥沼のような葛藤に疲れ果て、メタメタになっていた私は、疲れた時、悲しい時に、一人でこの美しい石を眺め、この石と遊び、この石から夢を貰おう、と思ったのである。

ところが、結果は裏目に出た。「優れた宝石には魔が宿る」というけれど、吉を買ったつもりのダイヤモンドはとんでもない凶を私の家に持ち込んで来たらしい。ダイヤモンドを買った翌朝、撮影所へ行くために玄関に出た私に、母はいきなり大きな肘掛け椅子を投げつけた。不意をくらって尻もちをついた私の上に、母の怒声が落ちて来た。

「親の私がダイヤをはめるなら話は分かる……娘の分際でお前は！　買ったダイヤを持って来い！」

母の眼尻は吊り上がり、身体は怒りでブルブルと震えていた。母は足袋はだしで三和土《たたき》に飛び降りて私に摑みかかった。私は転がるように玄関から逃げ出し、撮影所への道を走りながら、心の中で叫んだ。

「あんな奴に、あの美しい石をやるもんか！　ダイヤが欲しけりゃ勝手に買って、十本の指にはめるがいい！」

けれど、いま考えてみると、あの時の母の怒りは分からないでもない。母の怒りは悲しみの裏がえしだったのだ。それまで私は、母が財布に入れてくれる小遣い以外に、自分の金を使ったことがなかった。それが突然、「百二十万円」という大金を、アッという間に使ってしまったのである。「自分が稼いだ金で何を買おうが私の勝手だ」という、私の暗黙の言葉を、母は敏感に嗅ぎつけ、私がもはや「子供ではなくなった」ことを認識すると同時に、一人娘に置きざりにされた孤独な自分が淋しかったにちがいない。とにかく、長年、薄氷を踏むような母娘関係を続けてきた二人を決定的に決裂させたのは、美しく高価な一粒のダイヤモンドだった。

昭和三十年、私は結婚した。二人とも貧乏で、仲人から借金をしてやっと結婚式をあげたほどだったが、記者会見の席上で彼は「土方をしてでも彼女を養います」などとカッコのいい大見得を切った。それなら結婚指輪くらいは買って頂くのが当然である。彼はどこでどう工面したのか、ケシ粒ほどのダイヤがポチポチと並んだ結婚指輪で私の指を飾ってくれた。

二年経ち、三年経ったころ、彼はケシ粒くらいのダイヤを米粒ほどのダイヤに買い替えてくれた。五年経ち、十年経って、米粒は小豆粒になり、私は、夫の歴史が刻まれた結婚指輪を大切にしていた。いたというのはヘンだが、私はその指輪を、ある時、ある場所の、とんでもないところへ落っことしてしまったのである。ある時というのは昭和四十七年の四月で、ある場所というのは空の上で、とんでもないところというのは飛行機の洗面所のウンコ溜め、である。

そのとき私は、大切な婚約指輪と結婚指輪のふたつを洗面台の奥のほうに置いて手を洗っていた。

「オ、ゆれたな」と思ったとたん、二個の指輪はピョンピョコピョンとジャンプして、アレ！　という間にポチャンとウンコ溜めの中へ消えてしまったのである。私は呆然となったが、なんせ「夫の執念のかたまり」の指輪である。私はションボリとしてパーサーに打ちあけた。パーサーは「ウーン」と唸って天井を睨み、なぜかバケツと大量のオシボリとビニールを持って洗面所へ消えた。

二十分も経った頃、洗面所の扉が開いた。ニッコリと顔を出したパーサーの指先に、二個の指輪が入ったビニールの袋がゆれていた。ウンコ溜めをくぐってきた二個の指輪は、いまも並んで私の薬指に光っている。いよいよ、夫と私は臭い仲になった、というわけである。

日本国にダイヤモンドがお目見えしたのは明治三年ごろという。尾崎紅葉の代表作といわれる「金色夜叉」は明治三十年に書かれたが、貫一と宮の仲を引き裂く「悪魔の先達」に、二カラット三百円の金剛石《ダイヤモンド》が登場している。

当時の米価は一升十銭であった。現在今日の米価は内地米で一升七百円、ダイヤモンドは一カラット五百八十万円ということだけれど、最高の品ならもっと高価な筈である。宝石の値段ばかりは、一カラットが五百万円だから二カラットで一千万円という単純なものではない。

カラット数が大きくなるほど希少性が増すために、その値段も飛躍的にハネ上がる。あたりまえなのかもしれないけれど、どこか理不尽な気もする話である。日本の既婚婦人の八〇パーセントは婚約指輪を持っていて、その半数以上がダイヤモンドだということだが、ウンコの洗礼を受けた指輪を持っているのは、たぶん、私一人だろう。

（『コットンが好き』より）

真珠

私は二十歳の年を迎えたとき、生まれてはじめて、自分の身を粧《よそお》うためのアクセサリーを買った。

それは美しい真珠の首かざりだった。

予算の関係で、粒こそ小さかったが、色もマキも申しぶんなく美しい首かざりであった。こんな美しいものが自分の持ちものになったというよろこびと、自分が働いた収入でかち取ったもの、という自負で、私は二重の満足にひたったことをおぼえている。

子供のころから、私一人の収入で親兄弟の生活をみなければならなかったので、自分の身を飾るためのアクセサリーどころではなかったのである。だから、二十歳になってやっと手に入れたひとすじのパールは私にとって唯一の宝物の感があったのである。

宝石といってもいろいろ種類があるのに、なぜあのとき真珠を選んだのか、その理由はもう忘れてしまったが、子供心に真珠の美しさに魅せられて、いつかは自分のものにしたいと思っていたのだろうか。女というものは執念深いからたいていそんなところかもしれない。

このごろになって、ボツボツ宝石らしいものを身につけるようになっても、やっぱり私がいちばん好きなのは真珠で、つい、アクセサリーというと真珠をつけてしまう。洋服のかり縫いのときも、いちばん気に入った真珠のネックレスをつけてエリあきやバランスをみるくらいだから、洋服をひき立てるためにアクセサリーをつけるのではなくて、アクセサリーを主役に、洋服をバイプレーヤーに仕立ててしまう。私の服が年がら年じゅう、ほとんど黒とグレーで、それもいたってシンプルな型に決まっているのも真珠に大いに原因がありそうである。

ずうっと昔に、こんな話を聞いた。フランスの女性は結婚して女の子が生まれると、一粒の真珠を買う。そして、毎年女の子の誕生日がくるたびにいく粒かずつの真珠を買い足してゆき、その子がお嫁にゆくときに、その真珠の玉をネックレスに仕立ててお嫁入りの道具に持たせるのだそうな。経済的なフランス人らしいやりかた、と言ってしまえばそれまでだが、なんという女らしい、夢にあふれた思いつきだろう、と私は大いにこの話が気に入った。年々その数を増す真珠の粒をながめながら、母親らしい思い出や感慨にふけっているフランス女性の姿が目に浮かぶ。

私は、この話が忘れられなかった。そして、ついに、わが娘ならぬ私自身のためにこのアイディアを実行したのである。それは、私が二十歳のときに買い求めた小粒のパールのネックレスを少しずつ大粒のパールに変えてゆくことだった。お金のあるときは四粒ほど、お金のないときは二粒だけ、と、何年もかかって私はとうとうその望みを達したのであった。これも女の執念のたまものである。真珠は穴のあいていないものは指輪やイヤリングになるので値段も高くなるのだが、それだけに無疵《むきず》で質のよい珠がある。たくさんの粒の中から色やマキをそろえ、これとおもう粒をより出す楽しみはまた格別である。私はその後、何本かのネックレスを買ったが、いまでも古い思い出のある真珠のネックレスがいちばんかわいい。

私は、真珠のもつ美しさ、優雅さ、手ざわり、すべてが好きだけれど、いちばんの魅力といえば、真珠が「生物」、生きものであるということだろう。真珠は塩分や水分をきらい、綿花などにつつんで長い間しまっておくと窒息して死んでしまうものだとは聞いているが、私には信じられなかった。

それは、終戦後、間もない、世の中がまだ混とんとしていた時代だった。そんなある日玄関に、ふくらんだ書類カバンを抱えた男の人が現われた。「ごらんになって、お気に入ったら買っていただきたいのですが」と言いながら、開けたカバンの中から、長さ六十センチもありそうな真珠のネックレスが現われたのである。真珠は美しい光を放って、と書きたいところだが、残念ながら、それらの真珠はことごとく死んでいた。まるで腐った魚の目のようにドロンと白くにごって。この真珠はもと高貴のお方の持ちものであったというが、戦争中、何年もの間ケースの中でひっそりと日を重ねていたのであろう。真珠は呼吸もできず、湿気にせめられて、だんだんとツヤを失って死んでいったにちがいない。私は死んだ真珠の姿を見て可哀想でならなかった。「真珠が死んでいるわ」という私の一言に、その人は恐縮して帰っていった。

そのふくらんだカバンを見送りながら、ふればカラカラと空しい音を立てた真珠の哀れさを思い、その真珠の持主であった、高貴のお方とやらを思い浮かべていた。苦しかった戦争も敗戦に終わり、多額の税金に追われて、せっぱつまって、大きな宝石を売ろうとした決心は、女としてさぞつらいことであったのではないだろうか。そうして泣く泣く取り出した真珠は、腐った魚の目のようになって死んでいた。その真珠を見たときの彼女の驚きと悲しみ……。そのショックが、まるで自分のことのように思えて、私は心が痛かった。

「ことし、上がった真珠です」といわれる真珠は、たしかにいきいきとして美しい。反対に古い真珠は年ごとにその色ツヤを失ってゆく。百万も、二百万もする立派な真珠でも、やがて死んでゆく命には変りはない、にもかかわらず女性が真珠を愛するのは、真珠に命があるからではないだろうか。生命の美しさ、そして生命のはかなさ、それを知ってのうえで、なおも愛さずにはいられないという女性の気持ちは、男性にはとうてい不可解なことだろう。

男には知られたくない秘密を女はたくさんもっている。

私は、真珠を愛する女の気持ちの中には、なにか母性の愛に通じる、なにかがあるような気がしてならないのだ。「愛ではなくてそれは女の執念というものさ」という、男性のイジワルなことばも聞こえないわけでもないが――。

（『コットンが好き』より）

黒

「お悔みに行くのよ、つらいわ」。そう言ってお隣りの奥さんが坂をおりて行った。その喪服のうしろ姿を見て、「黒っていいな」と思った。喪服の女が美しく見えるのは定評があるけれど、しかし、潤《うる》んだ心と伏せたまぶたがあってこそ、はじめて黒の喪服がものを言うので、黒は気持ちで着る色だと、つくづく思う。

白も黒も、のっぴきならない色である。白は気高く潔癖で、黒は内にひかえて沈む色。西洋ではいきな色とされている黒も、日本では政治の黒幕、腹黒いやつ、相撲の黒星、犯人は黒か白かなどと、ろくな形容には使われないし、せんじつめれば抹香《まっこう》臭く、しょせん黒は凶に通じる色である。

着こなし上手《じょうず》といわれる人にも、黒はなかなかの難物である。若い人には似合わないし、乱暴に着ればやぼになる。人生の雨風をくぐった年輪を、黒一色で生かすか殺すかは、その人のセンス一つである。つまり、黒は一癖も二癖もある人の着る色と言ってしまえば、黒が似合うというのは、あまり自慢にもならないことかもしれない。いずれにしても、黒を着るのはちょっと〝かくご〟のいることである。

（『コットンが好き』より）

和服好き

毎年、冬になると和服を着るのが楽しみである。鳩胸《はとむね》でっちりの私の身体に、和服はなかなかなじんでくれず、いまだにきものをきこなすことができないが、それでも私は和服に未練があって着ずにはいられない。

私にとって、和服を着ることは、せわしない生活の中でいちばんの気分転換にもなり、その瞬間だけでも「女だけの心」を取り戻している自分を感じることができるからだ。

このごろの和服は、日本人の生活に密着した衣類というより、パーティや結婚式などのためのゴージャスな「おしゃれ着」になりつつあるらしい。和服は美しく優雅でも活動的とはいえないから、それも仕方のないことなのだろう、かたちはどうあろうとも、伝統ある私たち日本人の衣裳がいつまでも残ってくれるのは、結構なことだと思う。

和服を着よう、と思いたって、タンスの中を物色し、たとうの上に、和服一式をひろげてみると、そのかさの多さにあらためてビックリする。

肌じゅばん、長じゅばん、きものに羽織、帯に帯あげに帯じめ、それに足袋、ひも類から、ハンドバッグ、小扇子などの小物まで入れると、大げさに言えば、ひと山になる量である。量もさることながら、そのひとつ、ひとつに「色」がついているのだから、どうしても身辺がにぎやかになりすぎてしまう。洋装に慣れた感覚には、とても整理できかねるほどの色のはんらんである。

私の場合は、結城つむぎなどの固いきものが多いので、色も比較的沈んで目だたないが、それでも、きものという台の上に、帯をはじめとしてたくさんの色を置くことになる。和服の美は色の処理のよしあしで決まるものだ、と思いながらも、これがなかなかむずかしくて、これという決め手がみつからない。和服の楽しさもまた、そんなところにあるのだろうが。

色の多いきものには、小物の色をひかえめに、無地っぽいきものには、小物でアクセントをつけるように心がけているのだが、偉そうに言うのは口ばかりで、私ほど和服用の小物を持っていない女はないだろう。たいていのきものには洋装用のハンドバッグで間に合わせてしまうような怠けものである。

ただひとつ、和装用にと自分で考えて、便利をしているものがある。よく、お爺さんが手にぶらさげている「皮の袋」をデパートでみつけ、ひもだけ「さび朱」にとりかえてみたら、物はたくさんはいるし、他の人はこんなバカバカしいものを持たないし、第一、値段が千八百円だったので、悪くない買い物をした、と一人で悦に入っている。

ちょっとあらたまった場所に出るときは、帯の間に小扇子をはさみ、腕時計はひかえて、これも帯の間に懐中時計をひそませることにしている。

（『瓶の中』より）

服装あれこれ

秋それも私の一年じゅうで最も好きな十月がもうすぐにやってくる。私はこの季節だけは仕事も何も放り出して怠けほうだいに怠けたい。

澄んだ空をぽかんとながめて暮したり、ぶらぶら当てもない散歩をしてみたり。暑気が去って空気も落ち着いて、人はようやく本腰で仕事に取り組もうという月なのに、私はまるでその反対に、十月だけは私の休日としたいのはよほどの怠け者と認めざるを得ない。秋といえば私の頭にはすぐさま半袖のジャージーの軽いワンピースが浮かんでくる。

私のもっとも好きな服装の一つである。

私は体を締めつける服が大嫌いなのでつい冬はスェーター春と秋にはジャージーの服で過ごしてしまう。商売柄、必要に迫られて柔らかい感じのものも写真うつりのよいものも作るには作るが、仕事以外にそれを着ることはめったにない。年がら年じゅう同じような布地で同じようなスタイルのものを変りばえもせずに着ていて、今更ながら自分の頑固さに呆れてしまうくらいである。何を作ってみても結局は、自分が安心して着ていられるという、自信には敵うものがないということである。

したがって、気に入る布地が見つからなければ何か月も服を作らないが、これと思ったものがあれば同じ布地を二着分も三着分も買いこんでしまうくせがある。スェーターなど気に入ったら最後、うすくなってすいてみえるくらいになるまで着てしまう。

四年前にアメリカのデパートで買ってきたつるしんぼのキャメルのオーバーコートを七分コートに直し、半コートに直し、また短かいジャケットに直して、未だに大事に愛用しているような工合である。

そんな風だから作っても一度も手を通さない服ができてくる。それならそんな服がうんとこさタンスにぶら下がっているだろうというとそうではない。私は着もしないものを無駄にしまい込んでおくことができない性分だし、それほどお金もあるわけでもないのでこれを片っぱしから処分する。さいわい私のかかりつけの洋服やさんはとても親切で、頑固な私の性分をよくのみこんでいて、私が仕事で忙しい時などもこういう始末を全部引き受けてくれる。

なおしものは心よくしてくれるし、自分の意見をおしつけず、古い（といっても水をくぐったこともない代物だが）ものを何枚か売っては新しい布地をさがしてきてくれるまめまめしさである。

服装に限らず、靴でもハンドバッグでも、私は自分の色、チャコールグレー、黒、それに若干の柿色、ダークグリンのほかは、ウインドウでいくら心をひかれても、ダンコ買わないことにしている。

だから人がみたら、商売に似合わずものを持っていないなと、思われるかもしれない。けれど私はそれで満足である。

うんと上等なものを、ごく少量に持つ、それが私の理想なのだが。

とにかく私は俳優の仕事でも止めて奥さん商売専門にでもなったら、ますます洋服ダンスの中味は少なくなって、そうすれば、したがって、チョキンの方も少しは溜ってくれるのではないかなど、いささかの希望をもっている次第である。

（『ダンナの骨壺』より）

整理整頓芸のうち――衣

「女優だから、さぞ衣裳をお持ちでしょう」と、他人《ひと》はいう。そのとおり、好むと好まざるとにかかわらず、一年三百六十五枚とまでは、ゆかなくても衣裳は私の商売道具である。けれど、私の洋服ダンスは昔から一間の押入れひとつでふえもしないし、減りもしない。一着つくれば前の一着をただちに処分するという新陳代謝方法をとっているから、衣裳がタンスのコヤシになることはないし、流行遅れの服を着なくてすむし、虫干しするほど数もない。私の整理は簡単である。

「馬子にも衣裳、髪かたち」というが、人間どんなにとっかえひっかえ衣裳ばかり着替えてもそれで美人に見えるわけではない、と私は思う。要は衣服という皮をはいだ中身の整理整頓をすることが先決問題ではないかと思う。まず外見からいくならば〝正しい姿勢と歩き方〟をマスターしなければならないと思う。私の観察するところによると、だいたい日本人百人のうちの一人くらいしか、ちゃんと歩いている人はいない。あとの九十九人の歩き方は、もう絶望的である。日本人の歩き方が、いかに貧相でみっともないかは、西洋人に比べればすぐわかるが、東洋人のなかでも最低で、歩き方と姿勢の悪さにおいては残念ながら〝劣等国民〟であるのを認めざるをえない。私は先日もハワイの街を歩いていて、向こうからひときわチンチクリンのガニマタが歩いてくるな、と思ったら、わが愛する夫・ドッコイその人であったのにはギョッとした。私たち日本人の姿勢の悪さは、もちろん昔からの〝すわる〟という習慣の影響もあるのだろうが、その他にも日本人のなかに潜在する〝劣等感〟そして、足に合わない靴のせいなどの理由も大きいのではないかと思う。ことに歩き方の悪いのは男性で、肩をおとしてヒザを曲げ、上体をゆすりながら、アゴだけつき出して歩く姿は、文化国家もハチの頭もない。チョンマゲにしりはしょりのワラジばき、東海道五十三次ホイサッサのスタイルのほうが、ピッタリくるのではないかと思う。男性に比べれば女性のほうがまだマシというものの、やはり内マタぎみのヒョコヒョコ歩きではミニもマキシもお化粧も台なしで、イモネエチャンといわれても返すことばもない。

「姿勢を正す」とは佐藤さんの名文句だったが、姿勢を正せば、たしかに人の心もシャンとする。たとえば、映画やテレビに出てくる悪役や不良をみても例外なく、くわえタバコで、一方の肩を上げ、グデンとした格好をすることによって精神のユガミを形に現わしている。ある医師の研究によると、不良や犯罪者ほど姿勢が悪いという。それから姿勢に興味をもちはじめ、少年院の子供たちに正しい姿勢と歩き方の指導をしたら、みるみるうちに成績があがり精神の健全さまで取り戻した少年がたくさんいたという。

ファッションモデルじゃあるまいし、いまさら〝歩き方〟の練習なんてバカバカしいと思わずに、まず鏡に向かってまっすぐ歩いてみることだ。そして、自分の歩き方に点数をつけてみる。頭のてっぺんを糸でつりあげられ、おへそに長い棒が通っているつもりでスッスッと歩いてみると、なんとも気分がいいし、第一身体が疲れないことに気がつくだろう。そうなれば、しぜんに立ち居振る舞い、身のこなしもスマートになる。「衣裳は着るもの、着られてはいけない」というスッキリとした姿勢こそ、着こなしじょうずになるコツ。

(『瓶の中』より)

自分をよく識《し》ること

私はあまり自分のお洒落ということについて関心が深い方だとは思われませんが、かといって私の場合、仕事にも影響しますので、そう無関心でいるわけにも参りません。映画の衣裳などもある程度任される事の方が多く、そんな時は役の人物になり切って衣裳を選ばなければならない訳ですが、やはり、自分の好みが必ずどこかに出て了《しま》うようです。

普段はただ〝清潔に〟ということを一番気にかけています。それで、髪の毛なんかも、ちょっとでも埃っぽい感じがするともう我慢が出来ず、洗い過ぎると云われる位、しょっ中洗つているのですが……。

ただ、私が自分で身の廻りのことを考える時、自分でこう、と信じたらどこ迄もそれをやり通す、という頑固なところがあります。人に云われたことや、流行の事などを参考にする事は勿論大切ですが、自分、というものを持っていなかったら、色々な人に云われる度に、その度にいろいろに変って了う、そういうのではやはり困る、と思うのです。

　これなら自分に似合う、自分に合った色だと信じたものには何処までも頑固である、という事、自信を持って着ていられるものが、一番安心していられる、安心して着られるものがやはり一番自分にしっくりぴったり似合っている筈だと思うのです。

　自分の事を本当に識って考えられるのは自分しかない、という事はお洒落に就《つい》ても云えるのではないでしょうか。自分をよく識って初めてしっかりものを選ぶことが出来る……。

　先頃、新聞で云われていた百円のイヤリングの可否なども、百円であろうと、又つるしんぼの洋服を買おうと、それがただの人真似でなく自分にぴったりだと感じた事だったら、少しも構わないと思います。

　結局〝お洒落〟という事については「自分をよく識っての上ならばどんな風にしてもよい、その人の自由だ」と云えるのではないでしょうか。

（「それいゆ」一九五五年冬号）

特別寄稿

遠くから想う人

ピーコ

実は、私は一度も高峰さんにおめにかかったことがありません。

戦後、私の実家はそれまで経営していた鉄工所が潰れて、生活はとても貧しかったのですが、父はなぜか月に一度、映画だけには連れていってくれたのです。もちろん二番館でしたが。ジーン・ケリーやフレッド・アステアのアメリカ製ミュージカル、ディズニーの「白雪姫」「シンデレラ」……。

初めて父が日本映画を、それも封切館で見せてくれたのが、「二十四の瞳」でした。子供が観ても良い映画だと父は判断したのでしょう。なんと明るく美しい女優さんなんだろうというのが九歳の私の、主演女優・高峰秀子さんへの印象でした。

その後、夏休みに小学校の校庭で開かれた上映会で「カルメン故郷に帰る」を観て、前の大石先生とは全く違う高峰さんに魅了され、そして十代の終わりに観た「浮雲」で大女優なんだと実感しました。

私が高峰さんの生の姿を見たのは、銀座の松坂屋にあったトンカツ屋さんで、お友達らしき老婦人とご一緒でした。その頃は私も仕事柄、すぐにファッションに目がいったのですが、シックで、仕立ての良いモスグリーンのニットスーツをお召しになっていて、カウンターに掛けた後ろ姿がスッとして、ああ、お年を召しても美しい方だなぁと、陰ながら見とれたものです。

その後、「週刊文春」の記者だった斎藤さんを通して、高峰さんにフレッド・アステアのＤＶＤを差し上げたところ、お礼のお手紙を戴いて、本当に嬉しかった。

「たとえ会うことはなくても、同じこの世界にその方がいてくれるだけで幸せ」と、高峰さんが司馬遼太郎先生のことを書いていらっしゃいますが、私にとって、まさに高峰さんはそんな方です。私だけでなく、多くの日本人にそう思わせてくださった方だと思います。

でも本当は、一度だけでいい、おめにかかりたかった。

（服飾評論家）

あとがきにかえて

おしゃれは、人間性――亡き父母・松山善三と高峰秀子に捧ぐ

斎藤明美

その頃の私は、爪をブルーに塗り、黒い細身の革パンツに、先のとがったヘビ革の短靴を履いていた。要はイキガっていたのである。

松山家に出入りするようになったある日の午後だった。高峰と食卓で話をしていると、

「そんな爪はやめなさい」

高峰の顔が曇っていた。

「どうして?」

私が問うと、

「そんな爪をしてたら、そんな人だと思われますよ」

ああ言えばこう言う私は、また問うた、

「そんな人って、どんな人?」

高峰は呆れたように、

「そんな人はそんな人です」

「ふ〜ん」

またある日、高峰が言った、

「とうちゃんは、獣の皮なんか嫌いよ」

私がはいていた黒の革パンツを指していた。

そしてまたある日、松山家を辞する私を高峰が玄関に送ってくれた時、

「そんな靴は捨てなさい」

玄関の三和土に脱いでいた私のヘビ革の短靴に高峰の鋭い視線が落ちていた。

何日かして、午後また松山家で高峰と話をしていると、高峰がおもむろに寝室のほうへ立って、何か持ってきた。

「これにしなさい」

マニュキュアの小瓶だった。

「このほうが上品よ」

色は肌色だった。

そしてまたまたある日のこと、脂とり紙でも出したの

だったか、私はカバンから化粧ポーチを出した。赤や青や緑や様々な色をした偽物の石が貼り付けてある、口を紐でしぼる黒いポーチだった。

「それはダメです」

言うと、高峰はクローゼットに行って、両手に十個近いポーチを抱えて戻ってきた。そしてそれらを絨毯の床に並べると、

「この中から好きなのを二つとっていいよ」

どれも上品でシンプルなポーチだった。

「じゃあねぇ、これと……これ」

私は黒とベージュのポーチを貰った。

高峰と松山は毎年、夏と冬をハワイの家で過ごしていたのだが、私が行くと、松山はアラモアナ公園で一緒にジョギングしたりキャッチボールをしてくれた。そして高峰はいつも私の買い物に付き合ってくれた。

その日は三人でショッピングセンターに行ったのだが、私が指輪を買いたいと言うと、二人は迷わず一軒の宝飾店に入っていった。ジョージ・ジェンセンである。

ガラスケースを覗いていると日系の女性店員が寄ってきて、「お父様がされている指輪は今ではもうクラシックになったわたくしどもの製品ですね」。いきなり「お父様」と言われて、松山はちょっと困った顔で自分の指輪を見た。それは二人が昔、欧州を旅した際、デンマークの本店で求めたものだった。

「これはどう？」

高峰が一つの指輪を私に示した。

「あなたはいつも金の指輪をしてるけど、銀のほうが大げさでなく、働く女性にはいいわよ。ここのものはデザインもシンプルだし」

私は小さな黒い石（？）がついた指輪を買った。以来、たびたび二人はその店に私を伴い、スカラベのペンダントヘッドが付いたネックレスや、イヤリングを選んでくれた。

今回は靴を買いたいと私が言うと、高峰はショッピングセンターにあったバリーの店に私を伴い、自分の担当者に「この人に合うパンプスを見せてください」。私達がたびたび行くからだろう、高峰がその場を外した時、その日系人の男性店員が遠慮がちに私に訊いた、「高峰さんにはお嬢さんはいらっしゃらないですよね？」。「ええ」、私が答えると、「じゃ、あなたは？」と聞かれて答えに窮した覚えがある。もう二十年も前のことだ。

洋服も靴もバッグも、すべて高峰が選んでくれた。

「亀の子ダワシ一つ、私の気に入らないものは、この家には何もありません」

かつて私にそう言い切った高峰は、私を何とか矯正して、家の中にあってもよいものにしようとしてくれたのかもしれない。

だが今や、高峰が選んでくれたジャケットは、前のボタンがとまらない。私がデブったから。

「緊張してたら太りません」

高峰はそうも言い切った。


おしゃれとは、生き方ではないか、人間性そのものではないかと、この頃思う。

果たして、自分の体形も維持できない私などがこのような本を作ってよかったのか、高峰は許してくれるだろうか……。それだけが心配だ。

令和二年三月

（松山善三・高峰秀子養女／文筆家）

●写真

白井亮........p. 1, 8, 18～21, 24～27, 29～33, 36, 37, 42～43, 46～51, 54～56, 59～61, 65～67, 69～73, 76～78, 80～81, 84～85, 88～89, 92～93, 96

河合肇........p. 5

秋山庄太郎（協力：秋山庄太郎写真芸術館）....p. 9, 12, 17, 57

「それいゆ」(1956年8月号)....p. 10～11

立木三朗....p. 13

宮地工（「サライ」1998年7月16日号）....p. 24（高峰さん）

「映画と演芸」アサヒグラフ別冊1935年秋季号....p. 39

大竹省二....p. 40～41

伊藤則美....p. 44, 104

仁田三夫（河出新書写真篇5『高峰秀子』)....p. 74

Ernest Lynk....p. 128

●イラスト

高峰秀子（『巴里ひとりある記』、『まいまいつぶろ』より）

●高峰秀子エッセイ 出典一覧

『いいもの見つけた』中公文庫, 2015年

『コットンが好き』文春文庫, 2003年

『ダンナの骨壺』河出書房新社, 2017年

『巴里ひとりある記』河出文庫, 2015年

『瓶の中』河出書房新社, 2014年

●協力

須田秀子（ハースト婦人画報社）

大橋泰生

吉川純子

＊本書収録の写真で撮影者が明らかでなく、連絡のとれないものがありました。
ご存じの方は編集部までお知らせください。

＊本書には、今日では差別的ととられかねない表現がありますが、
作者が故人であることと、執筆当時の時代背景を考え、原文のままとしました。

高峰秀子（たかみね・ひでこ）
一九二四年、北海道生まれ。五歳で野村芳亭監督の『母』でデビューして以来、一九七九年に引退するまで日本映画界を彩る数多くの名作に出演した不出世の名女優。その出演本数は三〇〇本以上。代表作に『二十四の瞳』『浮雲』『女が階段を上る時』など。引退後は文筆家として活躍し、自らの半生を綴った『わたしの渡世日記』で日本エッセイスト・クラブ賞受賞。ほかに『旅は道づれアロハ・ハワイ』『コットンが好き』『瓶の中』など著書多数。夫は脚本家の松山善三。二〇一〇年没。

斎藤明美（さいとう・あけみ）
一九五六年、高知県生まれ。津田塾大学卒業後、高校教師、テレビ構成作家を経て、「週刊文春」の記者を二〇年務め、二〇〇六年フリーに。一九九九年、処女小説「青々と」で日本海文学大賞奨励賞受賞。記者時代から松山善三・高峰秀子夫妻と交遊があり、二〇〇九年、養女となる。著書に『家の履歴書』シリーズ、『高峰秀子の捨てられない荷物』、『高峰秀子の流儀』、『高峰秀子の言葉』、『高峰秀子が愛した男』など多数。

高峰《たかみね》秀子《ひでこ》　おしゃれの流儀《りゅうぎ》

二〇二〇年四月二十五日　初版第一刷発行
二〇二四年二月二十日　初版第二刷発行

著者　高峰秀子　斎藤明美
発行者　喜入冬子
発行所　株式会社　筑摩書房
東京都台東区蔵前二-五-三　〒一一一-八七五五
電話番号　〇三-五六八七-二六〇一（代表）
デザイン　倉地亜紀子
印刷　TOPPAN株式会社
製本　加藤製本株式会社

ISBN978-4-480-87910-3 C0095